고맙고, 고맙다

시하늘시인선
07

고맙고, 고맙다

●

박창기 시집

그루

시인의 말

많이 아프고 그립다,
그래서 사랑은 더 멀다

본다는 건
그리움을 좇아가는 여정이다
쓴다는 건
추억을 따라가는 여정이다
맛본다는 건
가치에 이해와 정을 담는 것이다

2024. 01. 07. 가우헌에서

박창기

차례

3부 오, 은혜여!

1부

나에게 생은 날마다 첫사랑이다

오늘 내가 떠난다면

벌써 노랑나비인가 했더니
영춘화가 가지를 잡고 향기를 뿌리고 있네

아직 찬 기운이 무릎을 덜 폈는데
그리움이라는 녀석이 몹시 서둘렀나 보다

살아갈 시간이 자꾸 짧아질수록
그리움은 더 살아나고 아쉬움만 남네

못다 한 사랑이라 아쉬워할 게 아니라
내려놓고 배려하며 나누는 것으로 갚아 가야지

인생 별거 있나
이래도 그만 저래도 그만이겠지만

세상 소풍 다니며 알게 된 것
'고맙고, 고맙다', 한마디는 하고 가야지 않겠나

어머니의 밥상

어머니, 이제서야
당신의 넓은 마음으로 풀어내시던 영양의 향기를
구수한 맛으로 인정할 수 있게 되었습니다
배고플 때는 그냥 먹는 것인 줄 알았습니다
80이 다 되어 가는 이 나이에도
보신탕 잘한다는 집 찾아다니며 먹어 봐도
어머니의 흔적인 구수한 맛을 먹어보지 못했습니다
마음과 손맛이 재료에 숨어들지 않고서는
절대적인 흔적은 드러나지 않는다는 것을
그 많은 사람들이 어머니의 보신탕을 찾아
삼삼오오 모여들던 그날들을 잊을 수 없습니다
흐르는 땀을 연신 훔치며 만족을 드러내게 하시던
그 미친 맛의 정체를 생각하다가
삼월 삼짇날부터 입추까지
내 입맛을 돋우던
한결같은 재료와 깨알 같은 솜씨의 결정체가
어느새 내 몸에 배어 있었다는 걸 알고는
'아, 그거였구나.' 하고는 웃은 적이 있습니다

어머니께서 보신탕으로 저를 살리려고 하셨던
그 비법으로 건강하게 지내고 있으니
의술이 따로 있는 게 아니구나 그랬습니다
고맙습니다
어머니의 따뜻한 밥상 덕에 맛과 건강을 찾았습니다
귀한 것은 말로 되는 게 아니라
혼신의 흔적이 남아 있어야 한다는 걸
기쁘게 알게 되었습니다

길

열리고 닫히기를
저 길 위에서
일흔아홉 해를 보냈다
내가 열고 닫은 것도 아닌데
눈이 뜨였고
마음이 뜨거웠고
평안이 찾아들었다
내일 또 그러기를 기다린다
길에는 세상의 온갖 풍경과 상황이 도사리고 있어
첫걸음이 황홀하기도 하고 두렵기도 하지
이 모든 것을 내 마음의 가방에 꼼꼼히 넣어서는
사색의 편지지에 펼치곤 하지
이러려고 길을 나서는 건 아닌지
때로는 갈림길을 만나 주저하기도 하지만
길을 나서서 늘 동경하는 그곳은
변함없이 돌아가는 길이다

기도는 아름답다

꽃이 아름다운 건
그 자체가 기도이기 때문이네
꽃처럼 아름다워지고 싶지 않은가
열심히 기도하시게
그리고 데레사 수녀처럼 열심히 사시게
기도는 열심히 사는 거라고
방금 우리가 이야기 나누었다네
기쁘게 사시겠는가
슬피 돌아가시겠는가
꽃처럼 아름답게 드러내시게

나와 임은

내가 기다리는 것은 그리운 본향을 만나는 것이다
내가 믿는 것은 사랑하는 임을 더 사랑하는 것이다
나의 기도는 끝이 없을 것이고
나의 순정은 바라지 않는 것이고
나의 희망은 모든 것의 으뜸인 임을 기다리는 것이다
나를 사랑하는 임은 사랑 그 자체일 것이고
나를 이끄시는 임은 무변 무상의 결정체일 것이고
나를 책임지시는 임은 거룩한 어버이일 것이다
나와 임은 한마음 한 몸일 터이니
그 따뜻한 품이 영원토록 그리울 것이네
나는 그분의 지혜로 세상을 헤쳐 나갈 것이네

나에게 생은 날마다 첫사랑이다

나에게 생은 날마다 첫사랑이다
너무 좋아서 헤어질 수도 버릴 수도 없다
저녁이 오는 것이 아쉽고 밤을 건너기가 두렵다
아침이 오면 새봄을 맞이하듯
싱그러운 첫사랑을 또 맞이한다
나의 하루는 너무 즐거워 마냥 지나버린다
꿈조차 꿀 수 없을 만큼 낭비해 버린 시간이 지나면
그 안타까움에 회한을 가지게 되지
가만히 생각해 보면
쳇바퀴 도는 삶 속에 갇혀 있지 않았는지
인간적인 고뇌가 나를 어렵게 해도
아름다운 죽음까지도 안을 수 있다는
긍정의 힘이 있어 또 감사하고
무궁하게 맞을 하루를 늘 첫사랑으로 사랑하려 한다

혼술

오늘은 저녁노을과 마주앉아
술 한잔 한다
저 친구 나보다 먼저 취해서
온통 붉다
허기사 한나절 건너오느라 힘들었겠지
뒷짐지고 왔을 리는 없고
저 친구 다리 좀 주물러 주려는데
다리가 안 보인다
내 눈이 벌써 그리되었는가
안 보이는가 못 보는가
벌써 날이 저물었는데
못 볼 수도 있겠다 싶어
잔 들어 사정없이 마셔 보네

사소한 그리움이

내 마음이 그대에게 가닿기를
사소한 그리움이나마 보내고자 하는 것은
작은 오해에 옷을 입히고 날개를 달려는
어리석음에서 벗어나자는 배려 때문이오
내 사랑도 밀물처럼 서서히 다가올 것이라 믿기에
그대의 마음에도 변화가 있으리란 기대로
'점점'이라는 어휘를 생각합니다
그것처럼 미래는 희망적이라는 요소가 숨어 있으므로
사소한 그리움이 큰 바퀴가 될 것이라 믿을 수밖에요

사랑은 늘 사랑이다

천둥벼락 같은 정서는 느닷없이 찾아온다
소나기 예고에도 아랑곳없이 할 일 하다가 어긋난 정서로 빡친 적이 한두 번이 아니다
시간이 지나면 소나기도 사라지고 천둥 벼락도 온데간데없어지면
참 무료하겠다, 변덕은 시궁창에 버리는 게 좋겠어

말 잘 듣는 곱디고운 새색시인 양 다소곳한 정서는 이제 정류장에 버려도 좋겠어
당차고 논리정연하게 말 잘하고 일 처리 잘하고 인간관계 좋은데 굳이 옛 정서를 떠올리다니 사랑은 말이야, 요즘은 말이야, 이해가 맞아야 사랑을 위한 단계를 밟아간다고 하거든
그러니 교과서 같은 사랑은 낙제시키면 좋겠어

이별을 전제로 이 별에서 서툰 사랑을 할 거면 아예 사랑을 안 하는 게 좋겠어
낯선 원룸에 처박혀 고지식한 사랑이나 타령조로 부르

고 그러다 지치면 모든 게 네 탓이야로 시비를 걸 거면 그런 십 원짜리 같은 사랑은 일기장에서 지우는 게 좋겠어

세상에 대상이 없어 애걸복걸하느냐 말이야 당당해지라고, 있고 없고를 떠나서 사랑의 대상은 존재 자체가 같은 거라고 시간에 구애받지 마라. 평생에 한 번을 하더라도 소박하나마 사랑다운 사랑 아니면 안 하는 게 좋겠어

아득히 바라보다 전기에 감전된 미라처럼 정지된 사랑이라면 안 해도 좋겠어

사랑을 굳이 사랑이라 고집하지 않아도 자연스런 거 아닌가

길거리에 가 봐 흘러넘쳐요

그런데 특급 사랑은 해 보셨던가, 스무고개는 넘어 봐야 알 거요

오늘

내가 좋아하는 오늘을
누군가가 또 누군가를 위해 빌려 달라면
내가 더 좋아하는 내일에게 물어보리

나는 누구인가
오늘을 할당받은 무한 책임을 지닌 자가 아닌가
하늘 한번 쳐다보고 당차게 거절하겠네

내가 좋아하는 오늘을
누군가가 또 누군가를 위해 보류하라면
내가 좋아했던 어제에게 물어보리

나는 누구인가
못다 풀고 온 것이 많아 황송한데
짐 지울 수 없어 기꺼이 거절하겠네

미련도, 후회도, 아쉬움도 한순간의 물거품이니

나는

너는
너를 위해
한 것이 무엇이냐
어둔 밤
등불 앞에서
너를 위해 무엇을 하였느냐고
물어본 적이 있느냐
나는
나를 위해
한 것이 아무것도 없어
어둠에조차 부끄럽다
지금 나는
내가 왜 여기에 있는지
묻기조차 두렵다
내가 나이기를
바르게 바라볼 때이다
시간이 그리 많지 않다

찰나를 사랑하다

겨울 저물녘
초대 받지 못한 발걸음들이 분주하다
찰나를 만지는 힘에 이끌려
풍경 하나 잡으려 자연을 배경 삼아 셔터를 누른다
그 순간 혼신지*는 혼신지만의 언어가 모국어가 된다
혼신지는 얼음과 말라버린 연대와 석양으로
혼신의 힘을 다하여 사랑을 토한다
명품은 멀리에 있는 것이 아니라
조사의 손끝과 마음 끝에 달려 있음을
숨을 죽여보지 못한 사람은 모른다
찰나는 죽음과도 같아서
그 지경에 이르러서야 완성이라 말할 수 있으리
거룩하다는 말 이럴 때 쓰는 거지 싶어

*청도 화양읍 고평리에 위치한 저수지. 겨울 석양의 반영이 아름다워 사진작가들과 여행객이 많이 찾는 곳

지독한 그리움들

시간은 그때 그 시간인데
시간 사이로 오간 그리움마다
그때의 그 얼굴을 하고 있다
하룻밤 사이에 영춘화가 웃고 있고
좀 덥다 싶은데 감꽃이 떨어졌다
벼가 고개를 숙였나 싶었는데
홍시 향기가 폐부를 찌른다
감잎이 어지러이 날린다 했더니
어느새 영하가 손을 시리게 한다
잊을 만하면 찾아오는 그리움을 통하여
영혼을 길러 온 자유에 감사한다

절대는 없다

'너 아니면 못 살아' 외치던 친구도 불장난으로 끝난 도전에 실패하자
사랑이라는 말을 다시는 끄집어내지도 않았다

잠시 아름답던 복사꽃이 지고 난 뒤 또 해마다 되풀이하는 것을 보고서야
넋을 잃었던 부끄러움을 한탄하며 미혹이라는 표현을 다시는 쓰지 않았다

모든 것은 때가 있고 지는 것은 순린데 순수에 졌구나

세상의 모든 존재들은 풍경을 가진다

세상의 모든 존재들은 풍경을 가진다
풍경 없이 존재하는 것들은 하나도 없다
봄까치꽃의 풍경을 보려고
아주 낮게 엎드렸다
주변의 풀과 나무들이 버린 잎들이
죄다 풍경이었다
내 눈과 봄까치꽃이 아주 낮게 마주쳤을 때
나는 비로소
풍경은 풍경을 넘어 생명의 바탕이 되고 있음을 알았다

숲이라고 다 숲은 아니다

건강한 숲이라 여겼는데
어느새 누가 몰래 불질러 태워버렸네
검게 탄 잿더미들이 범인의 가슴에 몰래 들어가
마음 아프게 해 주길 바란다
사람의 숲은
뿌리가 깊으면 바람에 흔들리지 않는다고 가르쳤다
자연의 은혜를 거스르는 짓은 사람이 할 짓이 아니다
불씨를 만들어 불을 내는 씨앗은 사람이다
대체로 이런 짓은 숨어서 몰래 하는 것이라 음흉하다
어느 세월 한동안 자주 불이 났다
그것도 지형적으로 아주 중요한 위치에 불이 난 것이다
숲은 모든 것을 포용하고 가려 주는데
이 보물을 깡그리 태워서 노출시켜 버렸으니
수성獸性을 가진 무리들이 좋아할 거야
나 밖의 모든 것은 오로지 방해물이므로
제거해야 될 대상이라 여기는 무리들
숲은 모든 것을 아울러 풍부하게 하는데
저 무리들은 나만 잘살고 잘되변 된다고 여기지

부는 나누는 게 아니라 독차지하는 거라 믿는 거지
숲 곁에서 산 사람은 숲을 잘 안다
건강한 숲에는 우리가 맞이할 온갖 보물들이 있다
숲은 늘 사랑으로 다가온다

세월

그는
과거에도 왔고
지금도 흘러가고 있고
미래로도 흘러갈 것이기에
어마어마한 일이다
어느 누구도 비켜 갈 수 없는
생채기 같은 것
그는
늘 사람과 함께했고
희로애락과도 함께했다
그는
한마디 말도 하지 못했고
늘 지켜보기만 했다
늘 그리워했으나
간섭하지 않는 평행선만 그었다
사람의 일에 관여하지 않았는데도
세상은 언제나 세월 탓만 했다
그 속에

사람은 작은 모습으로만 존재했고
세월을 비켜 가지 못했다
사람은 바람을 타지만
세월은 바람을 타지 않았다
세월 앞에 장사 없다는 말
몹시 사랑한다

나 저 개를 스승으로 삼겠다

맛있는 국에 고기랑 사료를 섞어 주면
깨끗이 비우는 녀석이 있다
개똥을 묻고 돌아오면
깨끗하게 먹어치우고 기다린다
디오게네스는 얻어먹는 밥그릇을 씻으려
강가에 가야 했지만
그 녀석은 제 밥그릇을 깨끗이 핥아 놓는다
그러면서 병에 걸리지도 않는다
짐승이 사람보다 그 부분에는 잘한다 여겨
'나 저 개를 스승으로 삼겠다' 했겠는가
설거지 여간 성가신 게 아니다
그 녀석만큼 깨끗하게 했는지 궁금하여
끓는 물에 소독까지 하지 않았겠나
사실 그 녀석에게 주는 먹이는 먹다 남은 거라
크게 걱정은 안 하지만
설거지를 도울 때마다 생각나는 일이다

2부

고삐를 생각하다

인생의 마지막 종을 자신이 친다는 소릴 들은 적이 없다

내가 세상에 온 것도 나의 선택이 아니었듯
나의 부모도 내가 선택한 것은 아니다
선택은 어찌 보면 축복일 수도 있겠다 싶어
돈 한 푼 주지 않았는데
난데없이 세상에 초대 받아 살고 있지 않는가
아무도 알아주지 않는 이곳에서
많은 사람과 소통하며 살아가고 있지 않는가
나는 수많은 사람에게 읽히고 까발렸는데도
아무렇지 않게 삶의 저울에 수평으로 달려 있다네
나를 감싸고 있는 그분 곁에서
나는 오늘도 행복에 겨워 까무러칠 지경이다
그런데 어떻게 내 생의 마지막 종을 내가 치냐
허락 받은 적이 없다, 더구나
인생의 마지막 종을 자신이 친다는 소릴 들은 적이 없어서
내 손을 무던히도 쥐고 계시는 그분 곁에서
내가 애써 비켜서고 싶지 않아서다

보내다

—소진아, 길영아 사랑한다

열 달을 품어
기꺼이 사랑했는데
몹시 아프지만
보내야 하네
더 넓은 세상에서
홀로 서라고
단호하게 끊었네
이별이 아쉬워
몹시 우는 너희를
처음 가슴으로
안았을 때
우리도 울었지
너희와 우리
인연의 끝은
여기까지였노라고
오랜 세월 받은 사랑
누리에 뿌리라고
기꺼이 보내는 거라고

긴 울음의 끝에
너희가 세워야 할
나라는
사랑이야
잊지 말거라

한때의 상처

버리고 갈 것만 남아서 참 홀가분하다*
저잣거리에 흔하게 쓰이며 오가는 말이다
언제 그 말이 나에게 와서 붙었는지 참 궁금하다
그들의 밥이 될 만한 까닭이 있었나 보다
나만 모르는
아픈 기억이 육신 쪽이었든 마음 쪽이었든
나로 인해 겪은 것이든 타인에 의해 겪은 것이든
상처는 남는다, 덧나기도 한다
나로 인해 겪은 건 대체로 빨리 잊히나
타인에 의해 겪은 건 쉽게 잊히지 않는다
덧난 상처는 이따금
불면증같이 밤을 새우게 한다
내가 간첩이 될 뻔했던 아픔은 두고두고
상처가 되어 그 끈이 삶을 쥐고 흔들었기에
지금도 잊히지 않는다
그러나 당사자들은 모두 떠나고 없고
나만 덩그러니 자유 위에 떠 있다
이만큼 살아서 미련도 없지만

상처는 상처일 뿐 버릴 것도 없다
한으로 치부할 것까지는 없고
하늘에 가서는 그러지 말기를 바라네

*박경리 시집

모든 것은 너로 하여

새벽을 여는 해의 기지개가 참하다
헬 수 없는 빛 가락이 저마다 찾아가는 그곳이 참하다
먹빛으로 잠들었던 천지를 일깨우는 해의 그 노력이 또 참하다
나도 덩달아 세상에 눈을 뜨게 되어 참 기쁘다
날마다 만나게 되는 일과 사람과 사연의 진중함이 또 아름답다
하루를 건너가는 열정과 사랑의 배려가 아름답다
기도 없이 안녕을 바라는 건 지독한 이기 아니겠는가
갖은 색의 조화를 불러온 기막힌 기여도 훌륭하다
생명에 소리를 갖게 한 모티브가 감사하다
돌아가는 연습을 수없이 하게 한 저녁도 감사하다
어둠을 맛보면서 빛의 소중함을 일깨운 것에 감사하다
어둠이 깊어갈수록 밝음이 더 가까워진다는 것에 감사하다
돌고 돌아 처음으로 온 것에 참으로 감사하다
모든 것은 너로 하여 빛났으니

다시 온 정갈한 가인같이

지난겨울 몹쓸 바람에 휘둘리더니
허리까지 휜 바늘꽃 몸체가
생사를 감추고 그냥 처량하다
아뿔싸, 나의 무관심이 왜 이리 형편없는가
내 눈 아래 살아 있는 바늘꽃 여린 송이가
아주 낮은 자세로 바람에 흔들리지 않았겠나
다 죽은 줄만 알았는데
이 봄은 바늘꽃의 기도와 헌신을 배신하지 않았던 거야
죽었다고 여기고 전지가위로 몸통을 자르는데
마른 가지에서 산 흔적이 드러나서
갑자기 아찔해지는 거야
형편없는 상상의 부끄러움이여
새 세상 밝히려 정갈한 모습으로 찾아온 가인
저 풍경이면 주변은 화사할 건데
고운 마음 갈고닦아 오래 기다려 볼 참이네

고삐를 생각하다

가끔 이런 생각을 하게 된다
세상에 선택되어 살고 있다는 것에 크게 감사하는데
나를 선택하신 첫 고삐는 누가 잡아주신 건가
어려서는 부모님, 학교 다니면서는 선생님, 친구들
세상에 나와서는 자주 만나는 사람들이랑 이웃들
종교를 갖고부터는 하느님, 결혼을 하고부터는 아내
시를 알고부터는 시와 시의 벗들
그리고 살아가면서 나에게 은혜를 베푸신 분들, 그런데
외적인 것은 차고 넘치지만
보이지 않는 고삐의 조종자를 보고 싶은 것이다
살아서 절대 그럴 일은 없겠지만
몹시 보고 싶은 게 이즈음의 희망이다
세상의 외적인 것에서 크게 실망하여
다 버리고 싶고 잊고 싶은 거다
이럴 때 길을 나서서
내 의지를 불태운들 나는 여전히
보이지 않는 이에게 고삐가 잡혀 있어서
순수한 내 의지는 발휘될 수 없는 것이 아닌가

유령의 나날들 속을 들락거린 나는 누구인가
나는 있으면서 없는 것인가
그런 나를 지극히 사랑하시는 임이 몹시 그립다

겨울 산정은 늘 단호하다

겨울 산정은 늘 단호하다
가장 높은 정신을 추구하는 자만이
저곳을 오른다
나 죽거든 누군가가 저 산정에 올려 주면 좋겠다
그냥 풍장에 들게 산정에 그냥 두어도 좋겠다
살아서는 지리산 산정을 세 번,
한라산 산정을 두 번 올랐는데,
그게 다다
그리고는 다른 산정은 힘이 빠져서 오르질 못했다
급격하게 체력이 떨어진 까닭을 늦게서야 알고는
후회도 했지만 죽음 직전까지 갔었다
미련한 자는 자신이 무너지는 줄 눈치채지 못한다
겨울 산정의 단호함을 배웠더라면, 배웠더라면……

그리움

오가는 시공간 너머로
그리움은 끊이지 않고 펼쳐지더라
내 살아온 힘이
너를 그리워한 것인데
내게서 너를 비운다니
무정한 이 처사를 나는 허용할 수 없네
나 어려 처음으로 그리워한 것이
지금까지도 변함없는데
한순간도 잊은 적 없는데
내 본향을 죽음으로 바꾸었으면 바꾸었지
어느 누구도 내게서
참 그리움을 어쩌지 못하네
아무것도 모를 때
나도 모르게 갖게 된 것이지만
이것마저 없었더라면
이 황폐한 세상을 어찌 건너왔을까
생각만 해도 아찔하네

부활

밭두렁 아래 예고 없이 내리는 햇살의 미소
그 햇살의 토닥임에 맘껏 웃는 풀꽃들의 미소
겨울이 아무리 난폭해도 양지는 피어나는 법
그걸 정신없이 바라보는 두 눈의 밝은 빛
사랑이여, 너는 기어코 승리하게 하는구나
사랑이여, 너는 기어코 눈뜨게 하는구나

마음을 열어가려는 열정의 모습에
세상은 두 손을 잡고 적은 온기 한 움큼 건넨다
정신의 피폭에 꺼져 가는 마지막 불씨 하나
그 하나에 희망을 걸고 다시 기다리는 거다
사랑이여, 우리는 기어이 승리할 것이네
사랑이여, 우리가 마침내 승리할 것임을 믿고 있네.

상식을 밥먹듯이 어기면
이건 아니지 않나 싶어

상대를 바보로 알고 하는 짓이겠지
자기보다 없는 놈이라 무시해서겠지
니가 잘났으면 얼마나 잘났나 깔보고 하는 짓이겠지
상향등 켜고 달리는 놈
신호 위반하는 놈
불법 주정차 하는 놈
공부 좀 더하고 이것만 지켜도
잘 돌아가겠는데
누가 누구보고
미친, 무식, 돌대가리래?

신新 파장罷場

못난 놈들은 서로 얼굴만 봐도 흥겹다*
집 떠나 밥 벌어먹겠다고 타지에서 만났는데
여기서도 저기서도 만나지는데
어릴 적 모습이 하도나 그리워 만남을 가졌는데
지내보니 흥겹던 그 모습이 자꾸 사라지고
미운 오리털 같은 존재로 변하더니
급기야는 보기 싫어지더라고
짠물 먹은 놈들 하는 짓이 기가 차서
그만 고향 욕하게 되더라고
나라를 일으켜 세우는 데 일조한
그 정기는 어디 두고
못된 짓만 배워서는 벗들을 등쳐먹는다니
돕고 사는 게 맞는 말이지만
제 잘살고 친구 골탕 먹이는 짓은 말아야지
못난 놈들은 서로 얼굴만 봐도 흥겹다는 말
이제 수정되어야 한다
정말 못난 놈들은 서로 눈빛만 봐도
이해하고 도우려 한다

돈으로 사귀려는 때는 이미 저물고 있는데
갑질은 차떼기로 줘도 쳐다보지 않아

*신경림 「파장(罷場)」에서 가져옴

시와 유서

어떤 시를 읽으면 시의 내용이 온통 유서 같습니다
자연과 우주에 대한 지극한 고마움을 나타내고 있었습니다
여섯 줄의 내용에 함축한 것에서
아, 이 사람은 시인 안 하면 안 되겠구나 생각했습니다
째지게 가난하게 살았는데 밥 좀 먹게 되니
몸이 많이 아픈 밤*을 겪게 된 모양입니다
그래서 그런지
하늘, 바다, 산, 태양, 흙, 바람, 달에게
신세진 것에 감사하고 있었습니다
참 아름다웠습니다

*함민복의 시

생명은 좌파를 모른다,
좌파 같은 DNA를 가졌을 뿐이다

저항 시인의 시를 읽는다
표현은 아주 낯선 표현들로 섬뜩한데
배경에는 자본주의 생각이 물결치는 걸 느낀다
하필이면 비상 사이렌에 지하도로 피했을까
그 안에서의 행동과 생각에는 좌파 색채가 전혀 없었다
몸엔 자본주의 빨대를 꽂고 마음껏 즐기면서
마음엔 저항의 링거를 꽂고 저항의 지시를 기다리고 있었구나
유치한 이분법의 사고로 세상을 탐닉하다니
병든 몸은 멍 자국이 즐비하고
지친 마음은 가면의 굴레를 걱정하고 있구나
차라리 깨어나라
비판의 다리를 건너 건전한 사상으로 돌아가라
평생을 하수인으로 살 것인가
너의 주인인 너에게 좀 떳떳하기를 빈다
생명은 좌파를 모른다, 좌파 같은 DNA를 가졌을 뿐이다
아무도 너의 결정에 훈장을 달아 주지 않는다

사랑과 미움은 변함없이 우리를 단련시키는 잣대로써 하루를 건너갈 것이다

사랑하기, 미워하기
살다 보면 이러기도 하고 저러기도 하지
잣대는 늘 내가 갖고 있지만 갈등의 언덕을 자주 오르내려야 하지
나의 생이 군더더기 같을 때
세탁을 해서 털어 말리거나
다림질로 부활한 영혼처럼 되기를 염원한다면
굳이 투덜댈 필요가 없지 않을까
돌멩이도 오랜 세월 물결에 떠밀려 가다 보면
스스로 작아지는 자신을 알게 된다
실체는 작아지더라도 마음은 더 커져만 가는
섭리의 가르침을 배우게 되는 것이다

아침의 기적이라는 게 눈뜨는 일과 숨 쉬는 일이다
나를 깨운 오늘에게 감사하며 또 하루 모시고 가야 한다
따뜻한 물 한 잔 먹여야 하고
세수도 시켜야 하고 이도 닦아 드려야 한다
잘 말린 새 옷으로 갈아입힌 다음, 나들이도 시켜야지

나보다도 나를 만나는 사람들에게 불편을 드리지 않기
위함이지만
빛 아래선 내가 오늘 뒤에 숨을 필요가 없다는 것이 내
생각이어서
당당함이 사랑의 첫걸음임을 드러내다 보면
아름답지 않을 수 없다
오늘도 빛이 소멸되어 갈 즈음이면 부지런한 모습들이
보인다
먹을거리를 장만해서 나누려는 손과 발들이 아름다워
지는 순간
저녁을 기다리는 마음들은 행복해지지 않을 수 없다
이럴 때 오히려 세상의 마음들은 한낮의 빛보다 더 밝
아진다
살다 보면 이러기도 하고 저러기도 하겠지만
사랑과 미움은 변함없이 우리를 단련시키는 잣대로써
하루를 건너갈 것이다

공기

너를 껴안지 않고 잠든 밤은 하루도 없었어
이따금 너 없이 잠들기를 바랐던 날이 있긴 있었어
그랬을 때 그 다음날 아침이면 세상이 온통 침묵 천지였겠지
꿋꿋이 살아 있는데 왜 너를 외면하겠어
오늘은 멀리 좀 다녀와야 하는데 너를 내 옆자리에 앉히고
손도 잡고 안전벨트도 매 주고 가끔 노래도 불러 줄 거니까
어때, 거절하지 않는 거지, 커피도 물론 아메리카노로 살게
가다가 괜찮은 곳이 나타나면 잠시 쉬면서 해설도 곁들이지
너무 친절하다고 목에 매달리고 그러지 마
그런다고, 너와 나 사인데 누가 시기하려고
그런데 부탁이 있어, 타고 내릴 때 입맞춤은 필수야, 오케이?
평생 떼어놓을 수 없는 너라서 나야 행복하지만

넌 어때, 대답이 없네, 죽을 때까지 말 안 할 거야, 응?
사실 나 말 많은 여자 싫거든, 너는 늘 조용해서 그게 좋아
손가락 끝으로 전기가 통하는지 대어 볼까
따뜻한 느낌이 오긴 오는군
오늘 노래는 김경남의 '님의 향기'야
'밤새 갈바람 잠을 잔 듯이
조용한 바람인 듯 눈을 감으면…'
이렇게 시작하는 노래야, 좋아하는데 근래에
자주 이 노래가 뇌리에 떠오르더라고
이별의 아픔을 노래한 것인데
나 죽으면 너 어쩔래

벼들은 물을 길어 밥을 만들고 있다

창밖으로 모심기 끝난 논을 이따금 보게 된다
연한 바람에 어린잎들이 살랑일 때는
잘 커야지, 커서 생명이 되어야지 그랬다
비가 오고 날씨가 더워지고 세찬 바람이 다녀간 후
창밖을 내다보았는데 키가 성큼 커진 거야
겉으론 그냥 자란 것 같지만
뿌리로 빨아올린 물을 정신없이 길어 올려서는
하늘의 해랑 작당을 한 거였어
뿌리가 잡고 있던 흙도 거들었을 테고
바람이 놀다 간 흔적도 아마 힘이 되었을 거야
벼이삭이 나오면 논으로 향한 가로등은 모두
불을 꺼야 해, 성장에 지장이 있다나 뭐나 해서
그 덕에 시골은 한동안 껌껌한 천지를 맛보고
밤길에는 손전등이나 휴대폰 전등이 필수지
벼 이삭이 익어 고개를 숙여야 겨우 불이 들어오는데
생명 하나 만드는 데 들인 인내에서 그야말로 해방이지
이따금 사람이 중심이라고들 하는데
사람은 안 먹고 사는가

여기서는 밥이 되는 순간까지 사람은 뒷전이다
그런 뒷전이 밥 앞에선 감사하고 있잖아
밥이 될 때까지 지켜준 세상에게 고개 숙이는 걸 보면
가르쳐 주지 않아도 여물수록 스스로 실천하는
지극한 예의를 오히려 우리가 배운다
세상에 생명을 주는 것들이
중심이 아닐까 생각해 본다

우체국 옆 공사장

우체국에 책 부치러 들어가려는데
입구에 민주노총 깃발을 꽂은 차들이 막고 있어서
겨우 들어갔다
공사장에 노동자는 잘 안 보이고
깃발 달린 차에서 투쟁가가 울리고
간부들로 보이는 자들이 왔다갔다하면서
자기들끼리 이야기 나눈다
하루 이틀도 아니고 갈 때마다 그런다
아침 뉴스에서 본 사실인데
국토부 발표에 의하면 불법이라면서
서로 대치 상태라는데 법적 조치에 들어간다고 한다
자기 노총 산하 노동자들에게 일을 주라는 요구인데
일할 요건이 되면 어느 쪽이든 수요 공급에 맞게 하면 되는 거다
네 편 내 편 편가르기로 노동판을 좌지우지할 수는 없는 거다
원칙대로 풀려서 우체국 드나들기가 수월했으면 좋겠다
우체국은 또 그렇다 쳐도 동네 사람들 투쟁가 소리에

귀 아프겠다
이러는 것이 바른 생각인가 묻고 싶은 것이다
우리의 삶을 방해할 자격이 그들에게 없다는 걸
침묵으로 말하고 있다는 걸 알아야 한다

야간 조업 나간 조 씨

온 바다가 책이어서
파도 한 번 철썩일 때마다 읽게 되는
경전 한 페이지
그 책장 넘길 때마다 세상을 읽어 나가는
나그네, 나그네들
저물녘이면 오늘도 목표 하나 완수했네 하며
긴 숨소리 뱉겠지
바다의 온갖 것 넘치도록 받아서
오로지 은혜밖에 모르는 저 어깨들
주경야독으로 배운 뱃일 말고는 아는 게 없어
일생을 걸 수밖에 없는 처지가 아프긴 하다
몸은 파도 위에 있어도
아내 걱정 자식 걱정 끊이지 않아
수심을 파도에 버리기 일쑤다
처절한 바다에서 산다는 건
목숨 거는 전투라
파도 한 자락에도 부르르 떨고 만다
오늘 밤에도 조 씨는 등대를 바라보며

일신의 안녕을 위한 눈빛 신호를 보낼 것이다

빈틈

이거 조금만 덜 가졌어도
좀 모아서 잘 지낼 건데
맘 좋아 퍼주었으니
남을 게 뭔가
그런데 그 틈
들켰더니 사람이 모여요
틈은 믿음을 전제로 한다
아름다운 믿음은 오래갈 수밖에
마음이 오감에 수표가 필요 없잖아

3부

오, 은혜여!

오, 은혜여!

가슴에 바람을 들이고서야 너를 볼 수 있었다
오랜 세월 몸으로 맞이하던 너였는데
느닷없이 꽂히는 비수에 멍하니 설 수밖에 없었어
철이 없었던 걸까, 참 바보였어
한 번도 같은 모습으로 다가온 적이 없었으니
실크 같았거나 옥양목 같았거나 청바지 천 같았어도
너를 이해하려 한 적이 없었어
세상에 바람이 들면 무엇인가 일어났었지
날리거나 무너지거나 깨어지거나 사달이 났었지
나는 네가 세상을 일으키는 에너지임을 늦게 안 거야
그 에너지에 그냥 맞섰던 거야
이런 무지에 항복하고 살아왔다니, 아쉽구나
바람이 지난 자리마다 사랑의 표적이 달랐다는 것을
너를 들이고서야 알게 되다니

비는 내려서

비는 내려서 나무 꼭대기를 어루만지고
이내 기둥을 타고 미끄럼을 타네
비는 내려서 땅의 얼굴을 어루만지고
이내 그 속으로 들어가 긴 호흡을 하네
비는 내려서 얼룩진 온갖 물건들을 어루만지고
이내 새것처럼 말끔히 씻어주네
비는 내려서 못의 얼굴을 훔치고
이내 사랑에 빠진 듯 종일 속삭이네
비는 내려서 못의 가슴을 어루만지고
이내 부끄러워 동심원으로 맴을 도네
비는 내려서 길을 적시고
이내 데워졌던 허리를 시원하게 하네
비는 내려서 바다에 빠지고
이내 내려놓고 가족으로 어울리고 마네
비는 내려서

봄의 전령을 기다려

저 무수한 별들, 빛 무리, 빛빛 무리다
늘 그리워하던 어머니 같은 당신
수수께끼 풀던 버릇으로 도전하지만
궁금증은 아직도 풀지 못하고 있네
저 많고 많은 별이 모두 약속된 은혜라면
나 하늘 아래서 기꺼이 기다리리
저녁노을 따라 소풍 나온 금성이 뜨면
여기 대곡 골짜기는 긴 침묵에 든다
빛 별들이 중천에 걸릴수록 짐승 소리 멀다
별이어서 빛 꼬리는 새벽으로 넘어가고
복사꽃 필 무렵이면 별빛은 더 은은하다
이 미친 향기가 별빛조차 숨차게 하면
나 맑은 날을 기다려
복사꽃 엽서를 날릴 테니
만사 제쳐 두고 한달음에 달려오시게

복사꽃 엽서

바람은 한 펀치를 날리고도
시치미를 뚝 뗀다
그 바람을 얻어맞고도 아랑곳없이
복사꽃은 크게 웃는다
한 열흘은 웃음으로 분탕질한다
멀리서 그 소릴 듣고 가슴이 뛰어
잠 못 이루는 아낙들이
얇은 머플러 날리며 달려오지 않았겠나
예쁜 코고무신은 신고 왔을란가
복사꽃 닮은 저 얼굴이 아름다운 걸
이 봄 아니고 또 어디서 찾으려나

벼랑 끝

벼랑에는 하늘과 땅끝만 있었다
나는 하늘을 택하기로 마음먹었다
돌아오는 길은 가벼웠다
무겁게 오르던 그 길이 어느새
넓어 보였다, 무엇을 해도
밥은 먹을 수 있을 것 같았다
지금까지 벼랑같이 살고 있다
부자로 사는 것보다 더 고맙다
나 때문에 벼랑을 느낀 사람들
두고 두고 미안하다

꽃샘추위

겨울을 등에 업고
언덕을 오르던 봄이
힘에 겨워 절룩거린다
바람이며 눈보라까지 동원하여
길을 막는다
샘을 내지 않으면 헛기침이라도 한다
가는 놈이 곱게 못 가는 저 심보
오늘은 고약한 꽃샘추위라
불러 보고 싶다
금세 허물어질 것들이
못난 짓을 더 한다

가을의 노래

빛 아래서 더 빛나는 단풍들
같은 빛 아래서 바쁘게 사느라
단풍이 그리 예쁜 줄 몰랐다는 큰딸
반백 앞에서
가까이 와 있는 세월을 이제 보았단다
그사이 수많은 나뭇가지들 떠난 줄도 모르고
그림자 수없이 지워진 줄도 몰랐겠다
되돌아보니 너무 멀리 온 것 같다
아직 가야 할 길은 남았는데, 어디쯤인지
도착할 정거장엔 정겨운 이가 나와 있을는지
살아오면서 수없이 지운 마음들
나도 지우고 그대도 지웠을 그 마음들
어디쯤에서 그 꼭짓점이 만날지
길은 멀어도 꼭 도달해야 할 그리움이 있다면
기꺼이 갈 테다
내게 허락된 시간이 내일이어도

이 늦은 가을에

감나무는 화려한 외투도 좋지만 마지막엔
남루한 옷으로 한 겹씩 한 겹씩 벗었네

벼들은 살찐 지방을 아주 서서히 빼고
가을은 다홍빛 사랑으로 마지막 미소를 남기네

열정적으로 피어나던 부추도 시절 마감을 선언하는데
연보라의 쑥부쟁이는 가을을 기분 좋게 하는
신기루 같은 마법까지 지녔네

겨울 앞에서 집 나간 자식 기다리는
염원 같은 구절초라 더 구구절절하네
어머니의 사랑을 담은 꽃이라 순박하기도 하여라

그리움을 삭이고 있는 듯한 해국을 만나면
위로 받는 느낌이 들어 좋다네
늦가을까지도 삶의 희열을 놓치지 않는 생명을 지녀서
그래

누리어 가질 만큼의 진한 향기가 좋아서 특이한 방향을 지녔으니
필시 유혹의 대명사는 아닐지

가을을 화려하게 마치려는 순수를 내가 오늘 사려 한다
값은 얼마여도 좋다, 생물이면 좋겠다, 가을이여 오늘을 잊지 말자
오늘은 여느 날보다 더 풍성할 것 같네

강의 언어

기울기가 기준이었는지 모르겠는데, 흐르다
강물은 이따금 종알거리거나 중얼거렸다
종알거릴 정도면 샛강 어디쯤이었을 테고
중얼거릴 정도면 투망을 온몸으로 받을 만큼
품은 것이 많았을 테다
여기 이런 놀이터면 피로가 무너질 때까지
집에 갈 생각을 하지 않았을 것 같다
두 가지 경우 다 사람을 잡아 두는 매력을 지녔다
강의 언어는 소리, 빛, 모양 따라
베푸는 은혜가 다르다는 걸
또 배운다

무정

감꼭지 진 자리가 황량하기 그지없다
생명의 터전이었는데
변화를 이겨 낸 마음과는 사뭇 다르네

다홍의 가을을 기약할 수 없다는 것이
안타까운 아쉬움이라
나는 그만 시무룩해지네

홍시를 잡고 감꼭지를 따 내면
맛있는 홍시의 맛이 입속으로 출렁일 텐데
감나무 아래서 감꼭지 진 자리의 무정함을
어찌 탓하랴

겨울나무가 되어

마침내 침잠의 시간을 가지게 되었다
갖은 생각이 있으나
지금은 말할 때가 아니다
빛 속에서 지내던 화려함을 감추고
어둠으로 드러내야 하는 인내를
사람아, 사랑하는 사람아
너라면 저 겨울나무처럼 견딜 수 있겠느냐
그리하여 찬란한 봄에
힘찬 생명 하나 걸 수 있겠느냐
움틈으로 생명을 치유할 수 있겠느냐

쉬지 않는 수레바퀴

정신 못 차릴 때도 있다
달리다가
걷다가
엉금엉금 기다가
쉬기도 하다 보면
언제나 엉켜 있다
그런데 한 번도 어긋난 적이 없다
나는 삐거덕거리는데
세상은 여지없이 잘 돌아간다
그 수레에 나도 얹혀 있다
나 안에는 엉터리인 나와
말 잘 듣는 내가 있는 것 같다

허공과 그리고

세상에 기댈 곳이 없다고 한탄하기 너무 이르지 않나
땅에서 난 것들이 기댄 곳이 모두 허공 아닌가
너도나도 땅에 발 디디고 걷다 보면
기댄 곳이 허공인데 거기서 숨을 쉬고
거기서 영양을 받고 풍경을 누리지 않나
기댈 데가 없어 외롭다고 슬퍼 마라
저 무한의 허공이 난초 잎 하나 잘 받아주어
저리도 기품 있고 우아한 것을
하기 나름이고 생각하기 나름이다
나의 결을 지키는 일이 허공과 잘 어울리는 것
허공과도 이별하면 벌써 죽었다고 소문이 자자할 텐데
허공은 살고자 하는 자만이 누리는 천국 아닌가

그리운 것은 그리운 대로 두고 볼 일이다

내일은 해가 뜨지 않아도 좋소
그 집 앞을 지나왔기 때문이오
그제도 지나왔다오
먼발치에서 보았을 뿐인데
알 수 없는 그 무엇으로 생각나고
알 수 없는 끌어당김에 더 생각나고
그립다고 함부로 그리워지는 것은 아니어서
그리운 것은 그리운 대로 두고 볼 일이오

다시 살아온다면 몰라도

나 떠나고 나면 아무것도 없겠지, 혹여 여백 같은 흔적이라도… 이봐, 벌써 이런 표현을 한다는 게 걱정부터 한다는 건데, 나 떠나고 나면 아무것도 남지 않아도 오히려 좋지 않겠어. 욕 안 먹고 잘 갔다고 하면 좋으련만, 내가 걱정하는 건 내가 뉘우치지 못한 잘못들이 있어 그것으로 비난받을 일이 걱정이야. 살아오면서 챙긴다고 했지만 빠트린 것이 틀림없이 있을 거야. 그것을 백주 대낮에 큰 스크린으로 비추며 부풀려 비난한다면, 나는 없으니까 괜찮은데 나를 아는 이들에게 얼마나 미안하겠어. 이런 걸 보면 세상은 그래도 바르다는 걸 알겠는데, 죽은 자가 다시 와서 사과할 수도 없으니 좀 그러네.

영춘화

이른봄을 찾아온 가인
겨울을 건너 얇은 미소 품고 왔다오
사모하는 마음 잊을 길 없어
기다리고 기다리면 맺으리라 믿었소
담장에 제가 보이면 봄이 온 줄 아시오
여섯 꽃잎으로 기쁘게 맞이해 주오
어디든 뿌리를 내리고 희망을 드리오
백년가약 때 이 꽃을 들고 가시오
부부 사랑 꽃 피고 넘칠 거요

다시 4월에

4월이 복사꽃 등을 켜고 왔으나
임은 멀리 또 멀리 가고 없네
이 화사한 복사꽃의 미소가
나그네의 등을 곱게 밀어주네
나는 그 모습에 젖어 그만 눈물 흘리네

화안하다는 말

나는 지금 복사꽃밭 옆길을 걸어간다
봄볕이 어깨를 데우고
저만치 앞서간 사람의 등도 떠밀고 간다
추우니 나가지 말라고 붙잡더니
시절이 바뀌었다고
팔을 잡아끄는 긴 팔을 좀 보소
꽃잎 아래 소풍 나온 벌들의 함성 물결
시방 내가 본 것은 분명 생존 본능이었지 아마
화안하다는 말
복사꽃밭 가를 지나면 세례 받듯 넘치네

4부

고맙고, 고맙다

외박한 신발 주인

요즘 밖으로 나가거나 들어올 때마다
가지런히 놓인 신발 두 켤레를 본다
늘 그 자리에 그대로 놓여 있다
신을 사람이 외박하고 없어서
신발도 참 쓸쓸하겠다는 생각을 해 본다
어쩌면 주인이 빨리 돌아오기를 생각할 수도 있겠다
날마다 병문안을 가지만
돌아올 때는 늘 나 혼자다
혼자 올 때 기억해 온 따스한 말 한마디
슬그머니 신발에 담아 본다
오늘 밤 신발도 잠 잘 자겠지

바람의 옷

저절로 입혀져서는
생명의 끝을 잡고
세상의 끝까지 가야 할
운명을 타고난 너
세상에서 처음으로 울었을 때
따뜻이 감싸 주었던 너
나와 운명을 같이하리란 걸 몰랐어
시시각각으로 변하는 네 모습에
당황하기도 했지만
너를 사랑해야만 공존할 수 있다는
법을 터득하게 된 거지
어제는 데레사와 손잡고
산자락 아랫길을 걷는데 뒤에서
몹시 조여 오는 너를 느낀 거야,
사랑의 온도를 감지하게 되더라
때로는 네 마음이 내 안에 들어오기를
은근히 기대한 적도 있었지
사철을 가르는 네 마음이 맘에 들어

오래전에 너에게 마음을 빼앗겼지
어릴 땐 네 옷만 입을 때가 자주 있었어
지금은 네 옷을 입는다기보다
세월의 옷을 더 입고 느낄 뿐이야
때가 다 되어 간다는 흔적이겠지
그럼에도 네 옷에 대한 감사는
늘 하지, 참 고맙지

나는 날마다 주방으로 일하러 간다

아픈 아내 대신 주방으로 출근하여
건강 음식을 낚아올려야 한다
고단백 음식을 출고하는 것이 임무다

어설픈 솜씨로 뭘 하겠다고 팔을 걷어올렸는지
인터넷을 뒤지고 유튜브를 뒤지고 묻기도 한다
이것이다 싶으면 덤비는데 마음대로 안 된다

생각으로야 뭐든 만들어 낼 것 같은데
날마다 불합격이다
맛이 없어도 내가 다 먹어야 하는데
살은 안 찌네, 오히려 줄어드네
배가 안 나오는 걸 보니 스트레스는 아닌 것 같고

언젠가는 멋진 일등품 출시할 날 있을 거야
맛있게 먹어줄 아내 표정부터 살펴야지
입맛에 시달리는 아내를 위해
나는 날마다 주방으로 일하러 간다

맛있는 조리방법이 나를 기다린다

건강 주스를 만들다

몸속 염증을 없애 주려고, 온 마음을 투자하여
적정량의 재료와 36.5도 정도의 물을 섞는다
잘 흔들어서 완전히 녹으면 마신다
세포 속으로 침투하여 염증과 결투를 하게 되겠는데
그 녀석을 물리치는 날 비로소 내 투자도 해방을 맞을 것이다
요주의 녀석이라 늘 경계를 해야 한다
아내 몸에 몰래 들어왔듯이
놈들의 침묵은 믿을 수가 없어서
놈들이 싫어하는 음식만 가려서 먹이거나
온몸을 따뜻하게 데워야 한다
개구리 울음소리 같은 물 끓는 소리도 자장가로 들릴 때 있다
적정 온도가 되었다 싶으면 얼른 꺼야 한다
몸속에서 소리 없는 아우성으로 세포를 갉아먹으며
마음이 무너지게 흐너뜨리다니
자신의 존재를 숨기고 맘껏 휘젓고 다니고 싶었겠지만
징표는 언제든 드러나서 저항을 받게 되지

지루한 전투가 이어지다가 지치는 쪽이 무너지면
기적을 보이거나 이별을 하게 되겠지
겉으로는 그냥 싸움으로 보일지 몰라도
치열한 전투로 여유라곤 찾아볼 수 없는 나날이다

외박하는 여자 2

새벽 테니스 하다 갑자기 불려 왔는데
여러모로 수상하다
저녁이 되도록 지켜봤지만
좋아질 기미가 보이지 않아 119를 불렀다
아내 곁에 앉아 흔들리며 응급실에 도착했는데
떨어질 대로 떨어진 체력 고갈로 정신을 못 차린다
여러 가지 조사가 시작되고 링거가 꽂혔지만
계속 토한다, 마음이 아프다
그 밤에 입원까지 시키고 PCR 검사를 못한 나는
집으로 돌아와야 했다
강제 외박을 시킨 꼴이 돼서
자정을 훨씬 넘긴 시간에 겨우 잠들었다
걱정이 하나 더 늘어서 더 긴장된다

내가 왜 이러지

밥맛이 없어 못 먹겠다는 아내를 다독여
한 술이라도 더 먹게 일부러 태연한 척했는데
언제부턴가 나에게도 밥맛이 줄어드는 변화가 생겼다
이것도 병인가, 언제 들었지
한두 술 남았을 때 한숨이 나면서 그만 먹게 되더라
암에 든 아내와 살면서 내색하지 않으려 애쓰지만
지쳤는지 내가 닮아간다
이래서는 안 되지 다짐을 하지만
요즘 자주 그런 현상이 일어난다
남는 밥은 '두리'가 잘 먹어주지만
환자 앞에서 밥을 남긴다는 게 못할 짓이라서
여간 미안하지 않다
어쨌거나 내가 힘을 내서 살려야 하는데
내가 왜 이러지 내가 왜 이래
사랑 한 술, 정성 한 술 더 얹어야겠다

다홍빛 사랑 넘으려니
백설이 앞을 가려

다홍빛 사랑을 넘으려니 백설이 앞을 가리네
좋은 시절에 등에 업혀 좋은 일만 있으려나 했는데
호사다마라고 저만치 산등성이를 덮은 눈이
산 넘어오는데 이 겨울을 어찌할꼬 그랬네
잘되고 있다고 좋아들 했는데
느닷없이 허리를 못 써 체크하니 척추에 전이란다
방사선 쪼이느라 생고생했는데 나아진 게 없다
지금도 앉지도, 서지도, 걷지도 못한다
그러니 검사가 자꾸 추진되자, 환자가
그만했으면 한다, 전이라는 말에 포기한 것 같다
4차 항암 약물 치료에도 별 효과가 없고
DNA 조직 검사에서 1%의 표적 치료 가능성이 발견되었는데
1회 치료에 거금이 든다고 권하지를 않는다
가능성이 백 퍼센트이면 하겠는데,
의사도 그 부분을 걱정하는 것 같다
암 전문가들의 소견에는 완치가 없으니
식이 요법으로 치료하면서 생명을 연장하는 것이

좋은 방법이라고 하고 있고,
가능한 한 약은 투여하지 않는 것이 좋다고 하네
환자는 물론이고 모두가 난감해 한다
한 번 왔다 가는 인생 건강하게 살다 가면 좋은데
이번 생에 걱정거리가 생겨 도중하차해야 하니
그게 가슴 아픈 일이다
마지막까지 최선을 다해 보는 것이 도리인데
그동안의 치료에서 겪은 고통으로
환자가 점점 힘을 잃어가고 있다는 것이 걱정이다
우선 서서 걸을 수 있으면 좋겠다
환자의 첫 번째 희망 사항이 그것이다

병원 가는 길

눈 내릴 것 같은데 병원 간다
날마다 가는 길이라 차바퀴가 알아서 굴러간다
살아 돌아오기를 같이 빌어주는 건가

팔조령을 넘을 때까지 굽이굽이 돌았는데
막상 터널을 들어서니
저 멀리서 밝은 빛이 마구 당긴다

어차피 환자를 싣고 가는 길이지만
빛 같은 희망 한 가닥 잡아 보려
자주 얼굴 표정을 살피는데
아내는 잠 속에서 계속 무표정이다

차는 세상 속으로 달리고 달린다
아내는 의사와 마주 앉아 하게 될
준비한 말을 속으로 달래는지도 모른다

길어야 5분이다

그 시간 안에 속이 다 까발려지고
기대 반 절망 반의 가치에 또 스스로를 닫는다

올 때 눈발이 날렸는데
하얀 것이 기대 반의 가치이기를 빌어 본다

와유臥遊

헛소리한다고
아내에게 무슨 꿈을 그렇게 자주 꾸느냐 나무란 적이 있다
아내는 지금 병중에 있어 오래 누워 있다
몸은 누워 있으나 마음은 맑아서 자유로이 거닐고 있는 것이다
잠을 자주 자는데 그때마다 서너 번 꿈을 꾸며
큰 소리로 내용을 뭐라 말하는데
도무지 알아들을 수 없는 게 많다
정확한 이야기 한 자락 듣고 있다 잠이 깨면
누가 우리 집에 왔나요 물으면, 사람 이름을 대면서
방금 왔는데 어디 있냐고 묻는다
온 게 아니고 꿈속에서 그 장면을 말하던데
실제로 온 게 아니라고 해도 잘 안 믿는다
살아오면서 마음에 맺힌 일들이 있었나 보다
그러니 그 사람이 자주 등장하는 것이 아닌가 싶다
이거 풀어 줘야 할 거 같아
예수님의 수난을 보시고 데레사에게 자비를 베푸소서

데레사의 영혼은 지금 자유천지다
몸은 구속되었으나 영혼은 아주 분분하다

산 자의 걱정

잘 먹지도 못하는 밥을 억지로 먹이려고 물을 자주 마시게 하다 보면, 속이 자연스레 운동을 못해 역류하는 꼴이 생기는데, 한 숟갈이라도 제대로 먹으려면 오래 씹어서 물같이 만들어 넘기는 것뿐이다. 몰래 물을 더 먹어 탈이 난 모습을 보고, 물을 감춘다. 옆에 앉아 먹여 주는데 물 지나가는 소리가 들리면 잠시 후 한바탕 소동이 일어난다. 벌써 며칠째 이러고 있다, 눈빛도 어두워졌고, 볼살도 조금 마른 것 같다. 침대 바닥에 큰 십자로 누운 모습에 마음이 아프다. 목으로 넘기긴 했어도 거부 반응이 오면 즉시 내뱉어야 하니까 환자로선 어쩔 수 없는 선택이다. 맛있겠다 생각해서 애써 먹였는데, 위에 가서 적당한 운동을 마치고 피가 되고 살이 되면 좋으련만, 단백질은 허리쯤에서 큰 힘을 발휘해 주면 좋으련만, 그동안 지치고 못 잔 잠에 취해 저리도 힘겨워한다. 이 사투의 여백이 스며들어 장기도 회복되고, 면역력도 생기고, 허리에 힘도 붙어서 걷게 된다면 큰 은혜가 되겠는데 하늘의 보살핌이 얼마나 융숭해야 하는 것일까.

나의 힘이 부치고 정성이 미진하여 여린 촛불처럼 마냥 흔들리고 있다.

잠시, 기적을 보다

두어 달 만에 기적이 일어났다
꼼짝도 못하던 아내가 그 새벽에 혼자서
개구리 자세로 일어나 있는 거야
깜짝 놀라고 기뻐서
아주 좋아요, 아주 좋아요 그랬더니
이제 살았다 그런다
싱긋 웃더니 다시 누워서는
정신없이 잠만 잔다
그러려고 혼자서 소리 없이
얼마나 용을 썼겠는가
나 잠 안 깨우려고 그랬겠지
피곤할 거야, 암 피곤하고말고
곁 사람에 대한 신경은 죽자고 쓰면서
자기 걱정은 하지 말래
이런 천사를 데리고 사네
못다 준 사랑의 아쉬움만 있네

폐암

희망을 잃고 나는 통곡하네

좋은 날 있으리라, 이곳에 왔건만
폐암이 발목을 잡네
잘 지내 보리라 꿈꿨던 날들이 아쉽구나
굳이 반대하던 아내를 꼬셔 어렵게 왔는데
폐암이 우리를 갈라놓네
즐거울 날들이 끝나고
인생 역전이라고 해야 될지
아내가 하던 일을 몽땅 내가 하게 되었으니
사랑의 구속이 이런 것이구나
한편으론 안도하고 산다
병간호하며 봉사하며 살아 보니 힘은 드나
나 아니면 더 잘할 이가 없으니
운명이라 여기며 산다
건강할 때 덜 사랑한 게 참 미안해서
좋을 때 자주 다니지 못한 게 미안해서
걷자고 할 때 안 따라나선 게 미안해서

죽을 맛이다
그래도 희망은 놓지 않는다
폐암을 막아 주는 사랑의 우산이
이 저녁 별빛처럼 활짝 펴지기를 빈다

왔어요, 데레사

2023년 5월 7일 17시 54분
아내의 소천,
이별은 늘 갑자기 온다
한 시간 전만 해도 내 목소리에 귀기울였던 데레사
내 손을 잡고 미소 지으며
'고마워요, 행복했어요.' 그런다
갈 길이 바빴는지 조용히 눈을 감고 심호흡만 한다
숨을 멈추기 전에 아이들의 목소린 듣고 갔지만
아무 말도 하지 않았다
죽음을 준비하면서 성모님께 용서를 청했다
'잘못했어요, 어머니, 용서해 주세요.'
세상에서 남긴 마지막 말이다
그리고 데레사는 숨을 멈추고 깊은 잠에 들었다
'사랑해, 엄마.'라는 말을 여운으로 들었을 거다
간병하면서 아내의 죽음을 예상했지만
너무 빨랐고, 그 순간은 갑자기 왔다
아픔을 토해낼 울음은 아직은 참기로 한다

시간이 참 빠르다, 벌써 15일째다
외출에서 돌아오면
'데레사, 나 왔어요.'
아무런 대답이 없다
무료함을 잊으려 하는 일이지만
아직은 내 마음에서 데레사를 놓고 싶지가 않아서다
아직도 나는 데레사와 같이 지내고 있다
영혼과 날마다 기도로 만나고 있기 때문이다

좋은 건 사랑이여

육묘장 요셉 아저씨가 키운 어린 모종을 사서
텃밭에 심었더니 제법 커서 쌈 싸 먹을 만큼 자랐다
생명이라는 게 묘하다
생명은 연결고리가 이어져서 위대하다는 말을 듣는다
아내 가고 먹는 게 불편해서
밥에 상추쌈으로 일주일 먹었더니
속이 편하고 똥배도 가라앉고 변도 시원하다
생명이 생명을 낳는다는 그 말이 맞는갑다
생명에는 희망이 늘 따라다닌다는 게 맞는갑다
그러니 생명, 희망은 사랑 그 자체임을 알겠다

뚝

잘못 들은 소린가
멀리서 나는 것 같았는데 분명했다

날마다 병과 싸우는 아내에게 닥친
운명의 알림인지

마음은 몹시 아픈데
영혼이 그 소리만큼이나 쩌렁쩌렁해진다

그 소리 이후
이따금 멍때리는 시간이 잦아졌다

50년 넘게 나를 위해 봉사한 사랑이
이 한 소리로 마감하다니, 난 못 보내

뚝 2

먼 소리긴 해도
뇌리에 침투하고 있었다

몸이 아파 마음마저 흔들리는데
영혼인들 무너져 내리지 않았겠나

신음 소리는 고통과 싸우는 기도 같았다
그럴 때마다 근력은 말라가고

숟가락마저 들 수 없는 지경에 이르러서는
아기로 돌아가 있어 떠먹인다

그 소리를 들은 후 나는 속울음 삼키는데
한 숟갈이라도 더 먹여 보려 안간힘 쓴다

밥을 비우는 날은
고마워서 박수를 보낸다

다시 마음을 세워
떠나갈 영혼을 잡으려 애씀에 눈물 난다

데레사!

평생을 아내로 열심히 산 그대는 훌륭했소
몸져누운 아내 곁에서 임종 면회를 하고 나니
살았으니 죽을 때도 있음을 기억하겠네
백 년은 살 수 있다고 야단들인데,
그 근처도 못 가서 그만 멈춰서 버렸네
백 년도 부처님 눈 한 번 감았다 뜨는 촌음인데
인간은 왜 평생 살 것처럼 호들갑인가
그 평생이 하늘의 뜻을 뛰어넘을 수는 없는 법
어떻게 살았든 언젠가는 죽는다
그러니 영원하지 않은 삶에 매달리지 말고
순간에 목숨 걸지 말고
소중한 오늘에 신명을 다하고 기억하자
죽음을 기쁘게 받아들이기 위하여
준비하는 기간이 바로 오늘이 아니겠는가
오늘이 끝나면 너도 나도 아무것도 아니다
이 생에서의 기억은 모두 소멸되고
추억이라는 실타래를 풀기 시작할 때이다
죽음은 이 생에서 저 생으로 한 발짝 건너가는 일

거룩하게 산 그대는 아마도 무지개다리를 건널 것이오
가장 부끄러운 건 나의 사랑이 부족했다는 것이오
부디 용서하오
그리고 절대 뒤돌아보지 마오

나는 내가 밉다

나의 생애는
그 많은 지름길, 에움길 중에서
도무지 알 수 없는 길에서 좌초 중이다
이미 와버려서 되돌릴 수 없지만
잘못 걸었던 걸음들이 모여
아픈 응어리가 된 것이 틀림없다
가만히 생각해 보면 엉터리 삶이 태반이었고
대개는 반성할 것이고 회개할 것뿐이다
나의 잘못이 그대에게 병이 된다는 걸
왜 나만 모르고 살았는지
미련하기 짝이 없는 나의 생애가 밉구나
무엇으로도 갚을 수 없는 불쌍함이여
그대는 모든 걸 알면서도
모른 척, 아닌 척, 속으로 안아 버렸으니
그 아픔이 가슴 어디쯤에서 울었을까요
미안하고, 또 미안해서
죄송하고, 또 죄송해서
나는 아무 말을 못합니다

나머지 인생 그대 곁에서 시종으로 사는 수밖에

빈집

내가 먼저 갈 줄 알았는데
가는 건 말릴 수 없는 일
그것이 발목 잡는 일이 아니면
갑작스런 폐암이라니

오기 싫은 사람 구슬려 데려왔더니
한 시절도 못 보내고 아프다
건강하게 보내자고 왔더니
웃음을 잃었네

되물릴 수 없어서 가슴 아프다
친구 따라 강남 가면 안 되는 이유가
우리 집을 찾아왔네
몸도 마음도 빼앗겼네

나무 심고 꽃 심어
벌들 새들 불러 놓고
아내는 먼저 가고
나는 빈집에서 하염없네

고맙고 고맙다 2

일흔아홉에 다시 나를 본다
평생 제대로 나를 보지 못한 회한에 빠진다
시행착오도 많았고 잘못도 많았다
그런 나를 여기까지 데려온 것이 하늘이다
그 하늘이
아내로 하여금 보살피게 하였고
시로 하여금 마음을 읽게 하였고
벗으로 하여금 더불어 즐기게 하였고
이웃으로 하여금 정으로 나누게 하였고
세상으로 하여금 밝게 깨닫게 하였으니
이보다 더한 사랑이 어디 있으리오
나옹 선사의 가르침이 아니더라도
물같이 바람같이 살려 하는데
사랑이 턱없이 부족하여 걱정이네

그렇게라도 자주 오시오

나머지 인생 그대 곁에서 시종으로 살려 했는데
그대는 떠나고 나는 넓은 거실에서
우두커니가 되어 자주 허전하오
불러도 응답이 없지만 노래처럼 나오네요
이렇게라도 자꾸 불러야 마음이 편한 걸 어쩌누
어젯밤 꿈에서 잠시 아주 잠시 나타나 보였어요
블루진 차림에 화려한 스카프를 휘날리며
큰길가에서 나를 건너오라고 불렀어요
미처 대답도 못하고 쳐다만 보다가 꿈을 놓쳤지요
절절하니 그렇게라도 나타나는구려
요즘 사는 재미는 먹어야 산대서
이런저런 요리를 나름으로 해 먹고 있소만
오늘은 순두부, 계란에
굴소스, 진간장, 대파, 청양고추로 만든
순두부 계란탕으로 늦은 점심을 즐겁게 했소
진즉에 이걸 알았더라면 해 드렸을 텐데
시종의 센스가 둔했소, 나만 즐거워 미안했소

소천 기도

우두커니 혼자되어
기도하는데 누군가 옆에 앉는 것만 같다
보이지 않아 볼 수 없고
말을 붙여도 응답이 없고
손을 잡아도 잡히지 않네
잘 지내라고, 주님께서 위로해 주실 거라고
더는 아프지 말고 나비처럼 날아다니라고
먹어야 산다고 닦달하지 않을 테니 웃으라고
그래, 그게 다 무슨 소용이랴
내 마음속 기도 방에 자주 와서
묵묵히 앉았다 가시구려
어설픈 내 모습 오래 보고 가시구려
기도 중에 한 가지 이건 확실하오
'잘못한 거 용서하오, 사랑합니다'

요즘의 일

우두커니 앉아 멍해지는 일이 잦아
그것도 일상이라 여기며
뒷날 기억의 무덤을 다시 파지 않으려
꼬깃꼬깃 접어 둔다
며칠 지나다 보면
아, 그때 내가 그랬지 그런다
회상이라는 게 안타까운 일들의 연속일 땐
그만 잊어야지 하다가도
그 속에서 내가 지독히 부족했던 부분이면
정말 미안하고 속상해서 처연해진다
그 생각이 자주 멍해지기를 불러 온다
사실 이별이라 생각해 보지도 않았지만
못다 해 준 사랑의 일념 때문에
위령기도 중에 자주 불러 보는 것이다
그래서 위로를 받고 편안해지는 걸
숨길 수 없어 하루걸러 한 번씩
청도 대구 가도를 달린다
둘이서 수없이 보았던 풍경들에게

이제는 혼자서 말을 거는 것이다

요즘

아직은 실감이 나지 않아서
그저 벙벙한 가운데
당신 이름도 부르고 말도 걸고
대답 한마디 못 들어도
아무렇지 않게 지내요
밥도 잘하고 반찬도 먹을 정도는 해요
맛을 보며 간 조정도 하고
나중에 야단 안 맞으려 노력해요
외출에서 거실로 들어올 때
'데레사, 왔어요.' 인사에
아무런 반응이 없어서 시무룩할 뿐
잘 지내려 해요
아무 걱정 말아요
하느님 곁에 있는 당신이
나의 든든한 후견자잖아요

해설

그리움과 회한의 사부곡思婦曲

김경호(시인)

여기 일흔아홉의 시인이 열여섯 번째 시집 『고맙고, 고맙다』를 상재한다. 첫 시집 『열림을 위한 넋두리』를 1990년 3월 출간한 지, 34년 만이다. 거의 2년에 한 권 정도 시집을 출간한 활동적이며 열정적인 시인이다.

박창기 시인은 첫 시집을 상재한 이후 시간적 간극을 뛰어넘어, 자연에 바탕을 둔 섬세한 서정을 바탕으로 시를 써 왔다. 더 나아가 나와 이웃들의 살아가는 이야기로, 편안하지만 어딘가 아릿한 슬픔이 배어 있는 시들로 독자들의 사랑을 받고 있다. 불가해한 시들이 좋은 시인 양 우리 시단에 넘쳐나는 이 시대, 시류에 흔들림없이 어느덧 노년을 맞은 시인이 바라보는 사물들은 안쓰럽고 애잔한 존재들이지만 웅숭깊고 강인한 삶을 개척해 나가는 생명력을 노래하고 있다. 그의 시편을 따라 시인이 건너온 쓸쓸하고 외로운, 누구도 알아주지 않는 여정을 함께 따라가 보자.

아래 시에서 화자는 지금 새로운 봄을 맞이했다. 시인이 터 잡아 손수 지은 집, 청도군 이서면 대곡리 주변은 조금만 나서면 온통 복사꽃밭, 감나무 밭이다. 봄날 연분홍 복사꽃밭을 사뿐사뿐 뒷짐지고 여유롭게 걸어가는 노부부의 뒷모습을 상상해 보자.

아직은 아침, 저녁으로 꽃샘추위가 발걸음을 망설이게 하지만 봄이 왔다고, 복사꽃 마중을 나가는 다정한 시인 부부의 뒷모습을, 피어오르는 아지랑이도 따스하게 일어 어깨를 토닥여 줄 것 같다.

나는 지금 복사꽃밭 옆길을 걸어간다
봄볕이 어깨를 데우고
저만치 앞서간 사람의 등도 떠밀고 간다
추우니 나가지 말라고 붙잡더니
시절이 바뀌었다고
팔을 잡아끄는 긴 팔을 좀 보소
꽃잎 아래 소풍 나온 벌들의 합성 물결
시방 내가 본 것은 분명 생존 본능이었지 아마
화안하다는 말

복사꽃밭 가를 지나면 세례 받듯 넘치네

—「화안하다는 말」 전문

추위에 움츠린 어깨를 봄볕이 데워주고, 어서어서 따라오라고 잡아끄는 다정한 손길. "벌들의 함성"이 물결처럼 밀려오는 복사꽃밭 옆길을 걸어보지 않고 어떻게 봄을 맞이한다고 하겠는가. 읽는 독자들의 마음도 함께 환해지는 무릉도원을 연상하게 하는 느낌의 시다. 아래의 5행으로 구성된 시 한 편을 보자.

4월이 복사꽃 등을 켜고 왔으나
임은 멀리 또 멀리 가고 없네
이 화사한 복사꽃의 미소가
나그네의 등을 곱게 밀어주네
나는 그 모습에 젖어 그만 눈물 흘리네

—「다시 4월에」 전문

복사꽃밭을 함께 거닐던 작년과는 달리, 이번에 맞이한 "4월"은 "임이 멀리 또 멀리 가고 없"는 혼자만의 봄이 되고 말았다. 이 시에서 "화사한 복사꽃의 미소가" 나그네를 반기지만 서정적 자아는 눈에 선한 "그 모습에 젖어 눈물 흘리"고, 4월이 와도 4월이 아닌 봄을 안타깝게 맞이하고 있다.

감꼭지 진 자리가 황량하기 그지없다
생명의 터전이었는데
변화를 이겨 낸 마음과는 사뭇 다르네

다홍의 가을을 기약할 수 없다는 것이
안타까운 아쉬움이라
나는 그만 시무룩해지네

홍시를 잡고 감꼭지를 따 내면
맛있는 홍시의 맛이 입속으로 출렁일 텐데
감나무 아래서 감꼭지 진 자리의 무정함을
어찌 탓하랴

—「무정」 전문

화자는 봄이 가고, 여름이 가고, 낙엽의 계절 가을을 맞이한다. 감나무는 주황빛 감도 예쁘지만, 알록달록 다채롭게 물드는 감잎도 단풍이 아름답다. 아름다운 단풍을 바라보면서, 화자는 "나는 그만 시무룩해지네"라고 토로한다. "맛있는 홍시의 맛"을 함께 맛볼 수 있는 곁을 지켜주던 사람의 상실감이 "감나무 아래서 감꼭지 진 자리의 무정함"으로 쓸쓸한 심정으로 대비되어 나타난다.

대도시의 소음과 번잡함을 벗어난 청도 대곡리, 사시사철 논둑과 밭길을 산책하면서 시인은 존재에 대한 경이로움과 존재 그 너머의 생명의 풍경을 마주하고 노래한다.

> 세상의 모든 존재들은 풍경을 가진다
> 풍경 없이 존재하는 것들은 하나도 없다
> 봄까치꽃의 풍경을 보려고
> 아주 낮게 엎드렸다
> 주변의 풀과 나무들이 버린 잎들이
> 죄다 풍경이었다
> 내 눈과 봄까치꽃이 아주 낮게 마주쳤을 때
> 나는 비로소
> 풍경은 풍경을 넘어 생명의 바탕이 되고 있음을 알았다
>
> —「세상의 모든 존재들은 풍경을 가진다」 전문

그동안 무심히 지나치던 주변의 황량하던 풍경들이 "봄까치꽃"을 보려고 "아주 낮게 엎드"리는 순간, 풍경 너머의 풍경을 만나게 된다. '낮게 엎드린 자'만이 풍경 너머의 존재와 생명의 고귀함을 깨달을 수 있다.

시간은 인간을 기다려 주지 않고 쉼없이 흐른다. 그 시간 속에 계절이 있고, 그 계절 속에 생명들은 피고 진다.

아래의 시는 봄이 왔지만, 봄을 맞이하는 전령들인 '노랑나비'와 노란 '영춘화'가 향기를 뿌리고 있지만 노년의 시인은 문득 아름다웠던 삶에 대한 잔잔한 회한을 "오늘 내가 떠난다면"이라고 노래하고 있다.

벌써 노랑나비인가 했더니
영춘화가 가지를 잡고 향기를 뿌리고 있네

아직 찬 기운이 무릎을 덜 폈는데
그리움이라는 녀석이 몹시 서둘렀나 보다

살아갈 시간이 자꾸 짧아질수록
그리움은 더 살아나고 아쉬움만 남네

못다 한 사랑이라 아쉬워할 게 아니라
내려놓고 배려하며 나누는 것으로 갚아 가야지

인생 별거 있나
이래도 그만 저래도 그만이겠지만

세상 소풍 다니며 알게 된 것
'고맙고, 고맙다', 한마디는 하고 가야지 않겠나

—「오늘 내가 떠난다면」 전문

그리움이 더 살아나는 새로운 봄을 맞이하는 순간순간마다 떠오르는 얼굴들. "내려놓고 배려하며 나누는 것으로 갚아가야지" 하는 문장에선 순명을 받아들이는 구도자 같은 심정을 읽을 수 있고, 이 시집 곳곳에서 그런 흔적이 역력한 시편들을 만날 수 있다.

가끔 이런 생각을 하게 된다
세상에 선택되어 살고 있다는 것에 크게 감사하는데
나를 선택하신 첫 고삐는 누가 잡아주신 건가
어려서는 부모님, 학교 다니면서는 선생님, 친구들
세상에 나와서는 자주 만나는 사람들이랑 이웃들
종교를 갖고부터는 하느님, 결혼을 하고부터는 아내
시를 알고부터는 시와 시의 벗들
그리고 살아가면서 나에게 은혜를 베푸신 분들, 그런데
외적인 것은 차고 넘치지만
보이지 않는 고삐의 조종자를 보고 싶은 것이다
살아서 절대 그럴 일은 없겠지만
몹시 보고 싶은 게 이즈음의 희망이다
세상의 외적인 것에서 크게 실망하여
다 버리고 싶고 잊고 싶은 거다
이럴 때 길을 나서서
내 의지를 불태운들 나는 여전히

보이지 않는 이에게 고삐가 잡혀 있어서
순수한 내 의지는 발휘될 수 없는 것이 아닌가
유령의 나날들 속을 들락거린 나는 누구인가
나는 있으면서 없는 것인가
그런 나를 지극히 사랑하시는 임이 몹시 그립다

—「고삐를 생각하다」 전문

위의 시는 세상을 달관한 경지에서 절대자를 간구하는 내면의 기도 같은 서정을 불러일으킨다. 외적으로 독립된 존재로서의 자아와 사회적 자아로서 관계를 뛰어넘어 "보이지 않는 이에게" 내가 고삐 끌리는 듯 따라가는 절대자에 대한 갈망을 보게 된다. 어디서 와서 어디로 가는지 아무도 알 수 없는 것이 인생이지만, 고삐에 끌린 듯 '나'를 이끄는 또 다른 존재에 대한 그리움에서 나아가 '성스러움'을 엿볼 수 있는 시편이다.

지난겨울 몹쓸 바람에 휘둘리더니
허리까지 휜 바늘꽃 몸체가
생사를 감추고 그냥 처량하다
아뿔싸, 나의 무관심이 왜 이리 형편없는가
내 눈 아래 살아 있는 바늘꽃 여린 송이가
아주 낮은 자세로 바람에 흔들리지 않았겠나
다 죽은 줄만 알았는데

이 봄은 바늘꽃의 기도와 헌신을 배신하지 않았던 거야
죽었다고 여기고 전지가위로 몸통을 자르는데
마른 가지에서 산 흔적이 드러나서
갑자기 아찔해지는 거야
형편없는 상상의 부끄러움이여
새 세상 밝히려 정갈한 모습으로 찾아온 가인
저 풍경이면 주변은 화사할 건데
고운 마음 갈고닦아 오래 기다려 볼 참이네

—「다시 온 정갈한 가인같이」 전문

작고 낮고 하찮은 것들, 지난겨울 바깥에서 모진 눈보라와 추위에 쓰러진 화초들. 잡풀같이 쓰러져 누운 바늘꽃을 치우려고 전지가위를 대고 자르는 순간, 마른 가지 속에서 만난 '생명의 흔적'을 발견하고 눈앞이 캄캄해지는 화자. 아직 살아 있는 화초를 자르려 한 행동을 "형편없는 상상의 부끄러움"으로 묘사한다. 저 쓰러진 "바늘꽃 몸체"가 봄이면 다시 살아나 "새 세상 밝히려 정갈한 모습으로 찾아온 가인"처럼 온통 화단이 화사할 것인데 그저 처량한 겉모습만 보고 함부로 없애려 한 자신을 반성하고 있다. 화단에 돋아나는 풀 한 포기, 화단에서 흔들리는 나무 한 그루조차 정다운 눈길을 떼지 못하는 화자의 심성을 이 시에서 엿볼 수 있다.

희망을 잃고 나는 통곡하네

좋은 날 있으리라, 이곳에 왔건만
폐암이 발목을 잡네
잘 지내 보리라 꿈꿨던 날들이 아쉽구나
굳이 반대하던 아내를 꼬셔 어렵게 왔는데
폐암이 우리를 갈라놓네
즐거울 날들이 끝나고
인생 역전이라고 해야 될지
아내가 하던 일을 몽땅 내가 하게 되었으니
사랑의 구속이 이런 것이구나
한편으론 안도하고 산다
병간호하며 봉사하며 살아 보니 힘은 드나
나 아니면 더 잘할 이가 없으니
운명이라 여기며 산다
건강할 때 덜 사랑한 게 참 미안해서
좋을 때 자주 다니지 못한 게 미안해서
걷자고 할 때 안 따라나선 게 미안해서
죽을 맛이다
그래도 희망은 놓지 않는다
폐암을 막아 주는 사랑의 우산이
이 저녁 별빛처럼 활짝 펴지기를 빈다

—「폐암」 전문

호사다마好事多魔라고 하였던가. 시인에게도 청천벽력 같은 소식이 당도하게 된다. 평생을 함께한 시인의 아내가 '폐암' 판정을 받고 만 것이다. 먼 이별을 예감하며 시인은 그 아픈 마음을 단도직입적으로 "희망을 잃고 나는 통곡하네"라고 썼다. 무슨 더 할 말이 있으랴. "그래도 희망은 놓지 않"고 마음을 다잡아 보지만 이 큰 슬픔을 견디는 시인은 "건강할 때 덜 사랑한 게 참 미안해서 / 좋을 때 자주 다니지 못한 게 미안해서 / 걷자고 할 때 안 따라나선 게 미안해서"라고 만시지탄 후회를 노래하고 있다.

아래 시편을 보자.

> 눈 내릴 것 같은데 병원 간다
> 날마다 가는 길이라 차바퀴가 알아서 굴러간다
> 살아 돌아오기를 같이 빌어주는 건가
>
> 팔조령을 넘을 때까지 굽이굽이 돌았는데
> 막상 터널을 들어서니
> 저 멀리서 밝은 빛이 마구 당긴다
>
> 어차피 환자를 싣고 가는 길이지만
> 빛 같은 희망 한 가닥 잡아 보려
> 자주 얼굴 표정을 살피는데

아내는 잠 속에서 계속 무표정이다

차는 세상 속으로 달리고 달린다
아내는 의사와 마주 앉아 하게 될
준비한 말을 속으로 달래는지도 모른다

길어야 5분이다
그 시간 안에 속이 다 까발려지고
기대 반 절망 반의 가치에 또 스스로를 닫는다

올 때 눈발이 날렸는데
하얀 것이 기대 반의 가치이기를 빌어 본다

—「병원 가는 길」 전문

눈이 내릴 것같이 찌푸린 날씨에 병이 깊어가는 아내를 태우고 "병원 가는 길". 날마다 넘어 다니는 팔조령이지만 터널을 빠져나오면서 터널 끝에서 쏟아지는 밝은 빛을 보며 한 가닥 희망을 품고 있다. 그렇지만 병세가 깊은 아내의 안색을 살피는데 "아내는 잠 속에서 계속 무표정"이다. 세상 속을 달려가 의사가 "준비한 말"을 들어야 한다는 구절에서는 시인의 막막한 심정이 전해져 온다. 흐린 하늘에 내리는 눈발이 세상을 온통 흰빛으로 덮어 주듯 아내의 아픈 몸도 저 흰 눈에 덮여 씻은

듯이 나았으면 하는 시인의 소원이 절절히 묻어난다.

지극한 시인의 간호와 보살핌에도 시인은 마침내 '소천 기도'를 드리지 않을 수 없었다. 사랑하는 아내를 떠나보낸 시인의 아래 시편을 보자.

우두커니 혼자되어
기도하는데 누군가 옆에 앉는 것만 같다
보이지 않아 볼 수 없고
말을 붙여도 응답이 없고
손을 잡아도 잡히지 않네
잘 지내라고, 주님께서 위로해 주실 거라고
더는 아프지 말고 나비처럼 날아다니라고
먹어야 산다고 닦달하지 않을 테니 웃으라고
그래, 그게 다 무슨 소용이랴
내 마음속 기도 방에 자주 와서
묵묵히 앉았다 가시구려
어설픈 내 모습 오래 보고 가시구려
기도 중에 한 가지 이건 확실하오
'잘못한 거 용서하오, 사랑합니다'

—「소천 기도」 전문

무엇이 그리 바쁜지 서둘러, '환한 봄날'에 시인의 아내는 시인의 곁을 떠나고 말았다. 기도를 올리지만 "누군가 옆에 앉는 것만 같"아, 말도 붙여 보고, 손을 내밀어도 응답이 없는 텅 빈 공허. 그 공허 속에서 시인은 나날을 견디며 나직하게 읊조린다. "잘못한 거 용서하오, 사랑합니다." 이 순간, 이 세상에 이 말 말고 다른 무슨 말이 소용 있으랴. 기도의 나날을 보내며 마음을 추스르는 시인의 마음이 전해져 와 이 문장에서는 숨을 멈추고 잠시 먹먹해진다.

슬픔에 겨운 기도와 통한의 날들이 지나고 시인은 빈 공간을 견디며 "불러도 응답이 없지만 노래처럼 나오"듯 다시 오라고 간절히 염원한다.

나머지 인생 그대 곁에서 시종으로 살려 했는데
그대는 떠나고 나는 넓은 거실에서
우두커니가 되어 자주 허전하오
불러도 응답이 없지만 노래처럼 나오네요
이렇게라도 자꾸 불러야 마음이 편한 걸 어쩌누
어젯밤 꿈에서 잠시 아주 잠시 나타나 보였어요
블루진 차림에 화려한 스카프를 휘날리며
큰길가에서 나를 건너오라고 불렀어요
미처 대답도 못하고 쳐다만 보다가 꿈을 놓쳤지요
절절하니 그렇게라도 나타나는구려
요즘 사는 재미는 먹어야 산대서
이런저런 요리를 나름으로 해 먹고 있소만

오늘은 순두부, 계란에
굴소스, 진간장, 대파, 청양고추로 만든
순두부 계란탕으로 늦은 점심을 즐겁게 했소
진즉에 이걸 알았더라면 해 드렸을 텐데
시종의 센스가 둔했소, 나만 즐거워 미안했소

—「그렇게라도 자주 오시오」 전문

아내가 떠나고 없는 주방에서, 늦게나마 "시종으로 살려 했"던 시인은 "불러도 응답이 없"는 노래를 부른다. "어젯밤 꿈에"선 "블루진 차림에 화려한 스카프"를 한 아내를 만나게 되는 안타까운 꿈도 꾸어 보지만 현실은 텅 빈 거실과 주방이다. 각종 음식 재료를 모아 늦은 점심을, 마치 떠난 아내가 옆에 있는 것처럼 먹어보지만 혼자 즐거워한 일들이 미안하고 가슴이 아린다. 절절한 사부곡思婦曲은 「그 인연 때문에 지금 가슴 아프다」, 「나는 날마다 주방으로 일하러 간다」, 「나는 내가 밉다」, 「데레사!」 등 이 시집 많은 시편에서 아픈 마음을 만날 수 있다.

언제까지나 지나간 일에 매달려 살 수 없는 것이 인지상정인가. 아내를 잃고 슬픔에 겨운 어둡고 막막한 긴 터널을 빠져나온 노년의 시인은 이제 담담하게 아래와 같은 회한의 시를 썼다.

일흔아홉에 다시 나를 본다
평생 제대로 나를 보지 못한 회한에 빠진다
시행착오도 많았고 잘못도 많았다
그런 나를 여기까지 데려온 것이 하늘이다
그 하늘이
아내로 하여금 보살피게 하였고
시로 하여금 마음을 읽게 하였고
벗으로 하여금 더불어 즐기게 하였고
이웃으로 하여금 정으로 나누게 하였고
세상으로 하여금 밝게 깨닫게 하였으니
이보다 더한 사랑이 어디 있으리오
나옹 선사의 가르침이 아니더라도
물같이 바람같이 살려 하는데
사랑이 턱없이 부족하여 걱정이네

—「고맙고 고맙다 2」 전문

여든을 바라보는 시인의 회한이 담긴, 더하거나 뺄 것 없는 한 편의 절창이다. 지난 흘러간 먼 세월을 더듬어 보면, '아내'와 '시'와 '벗'과 '이웃'이 '세상의 전부'인 인생이었다. 그 세상의 전부가 온통 '사랑'으로 이루어져 있음을 시인은 절감하고 있는 것이다.

퍼내도 퍼내도 마르지 않았던 "사랑이 턱없이 부족"할 것

같아서 시인은 걱정이라지만 시인은 많은 것을 이루고 아무나 할 수 없는 크나큰 족적을 우리 문단에 남겼다.

누구나 '손안에 잡히는 시집', '주머니 속에 휴대할 수 있는 소시집'을 가졌으면 하는 작은 바람으로 시작,《주머니 속의 행복》을 창간 후《詩하늘》로 개명한 잡지를 무가지無價誌로, 고 박곤걸 시인과 시작한 지 올해가 스물아홉 번째 해이다. 30년을 거쳐 오는《詩하늘》은 단 한 번의 결호도 없이 현재까지 계간으로 이어져 발전해 오고 있다. 작은 씨앗이 땅에 떨어져 비바람, 북풍한설을 이겨내고 30년의 거목으로 우뚝 솟아 우리 앞에 푸르게 푸르게 버티고 있는 것이다. 그 당시 시를 향한 무모한 시작이 아니었으면 어찌 오늘의 '좋은 시, 아름다운 세상'을 향한 이 땅의《詩하늘》이 버티고 있었겠는가. 이 아름답고 소중한 자산을 우리 후배, 시를 사랑하는 모든 사람들은 앞으로도 40년, 50년 면면히 이어가야 할 것이다.

이렇게 한 시인의 시집을 거칠게 훑어보았다. 박창기 시인의 시는 현학적이거나 난해한 문장들을 거부한다. 시인으로서 확고한 자의식을 바탕으로 주변에서 일어나는 소소한 일상과 자연을 마주하면서 울고 웃으며, 상실과 고통을 승화시켜 한 단계 높은 서정으로 문학적 성취를 이루어내고 있다. 읽기 쉬운 시라고 해서 결코 쉽게 쓰여지지 않는다. 이런 시인의 시가 앞으로 더욱 일상성을 극복하고 삶에서 얻은 경험을 승화시켜 우리 서정시의 꽃밭에 우뚝 서서 또 다른 아름다운 향기를 뽐냈으면 좋겠다.

여든을 앞둔, 그렇지만 우리가 보기엔 아직 청년 같은 시인이, 건강을 잘 챙기셔서 앞으로도 왕성한 시작 활동과 세상을 향한 '아름다운 사랑의 손길'을 크게 펼쳐 주시길 기대하는 바가 크다.

시하늘시인선 07

박창기 시집

고맙고, 고맙다

초판 1쇄 발행 2024년 3월 7일

지은이 박창기
펴낸이 이은재
펴낸곳 도서출판 그루

출판등록 1983. 3. 26(제1-61호)
42452 대구광역시 남구 큰골 3길 30
TEL 053-253-7872 / FAX 053-257-7884
E-mail / guroo@guroo.co.kr

값10,000원
ISBN 978-89-8069-497-6